LES PETITS AVIS

D'UN

RÉPUBLICAIN MONARCHISTE

LES PETITS AVIS

D'UN

RÉPUBICAIN

MONARCHISTE

PAR

DE C***

« La lenteur est la vertu du Sage. »

« Restons républicains de cœur, et devenons monarchistes par nécessité. »

1° *Un Conseil aux honnêtes gens Républicains.*

2° *Petits avis à Messieurs les Députés de la droite.*

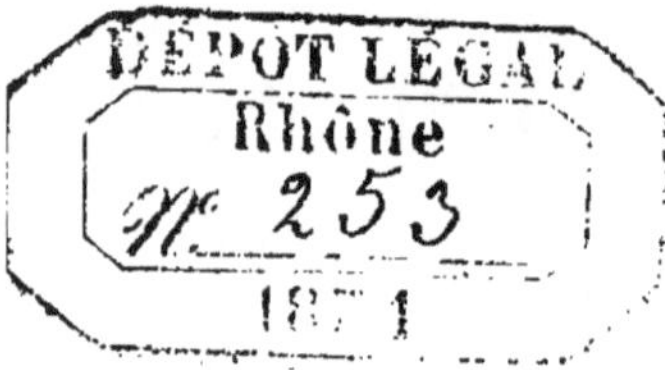

LYON

LIBRAIRIE DE CHARLES MÉRA

15, RUE DE LYON, 15

M VCCC LXXI

NOTE DE L'AUTEUR

Ce petit ouvrage, composé au plus chaud moment des discussions monarchiques , peut paraître aujourd'hui un hors-d'œuvre (au moins quant à la deuxième partie), à ceux qui ont la simplicité de croire toute lutte désormais terminée.

Quant à nous, persuadés que le silence actuel n'est qu'une trève tacite admise en faveur des élections du 2 Juillet, nous n'avons presque rien changé à ce que nous avions écrit tout d'abord.

Il y a quinze jours les Petits Avis *eussent été d'une parfaite actualité ; dans un mois d'ici ils le seront bien davantage !*

LES PETITS AVIS

D'UN

RÉPUBLICAIN

MONARCHISTE

CHAPITRE PREMIER

Un Conseil aux honnêtes gens Républicains

Un journaliste distingué, mais qui n'est pas toujours modéré dans ses opinions, publiait dernièrement un article très-juste sur l'état actuel des vrais républicains en France. « Beaucoup d'hommes se disent encore républicains, écrivait-il, mais il n'y a plus de républicains. » Jamais pareille assertion n'a été plus vraie qu'aujourd'hui, jamais il n'y a eu plus de faux républicains, jamais il n'y en a eu moins de vrais. Et les derniers événements, dont la France et Paris en particulier viennent d'être les victimes, ont suffisamment démontré, que les gens qui sont à la fois bons français et républicains sincères, sont plus rares qu'on ne pense. Or, s'il est vrai, qu'abstraction faite de toute espèce de républicanisme communard ou démagogique, comme de tous les républicanismes d'emprunt, le parti républicain honnête ne représente pas même en France la dixième partie de la population, on doit tirer forcément de là cette conclusion, qui devient une vérité absolue : *La République ne peut subsister actuellement en France, puisque la majeure partie de la nation n'en veut pas.* Et comme une république ne saurait ètre remplacée par autre chose que par une monarchie, qu'elle s'appelle empire ou royauté, peu importe, il faudra nécessairement opter entre ces deux modes différents d'un même genre de gouvernement.

Quant à l'empire, avili pour jamais par l'odieux souvenir du dernier des Bonaparte, je ne ferai pas même au pays l'insulte de lui en parler. Reste la royauté; entre eux deux le choix ne serait plus douteux aujourd'hui. J'ai donc dit qu'il restait la royauté..... mais quelle royauté? Voilà la seule grande et véritable question qui soit maintenant à l'ordre du jour, la seule aussi que des républicains loyaux, intelligents et patriotes, doivent étudier aujourd'hui, s'ils savent, comme le pays a le droit de l'exiger d'eux, faire le sacrifice de leurs opinions personnelles au profit de l'intérèt général.

A cette question il faut une réponse, et cette réponse la voici, telle qu'elle vient à l'esprit de la plus grande partie des honnêtes gens :

Il faudra remplacer la République par une monarchie constitutionnelle.

Telle est l'unique solution possible ; qu'elle soit immédiatement réalisable, cela est plus que douteux, comme nous le prouverons plus tard, mais elle a pour elle l'avenir.

Il est dur, il est vrai, pour tout cœur honnête, droit et profondément libéral, en un mot, pour tout cœur sincèrement républicain, de faire un pareil aveu. Il est dur de penser, qu'après bientôt un siècle de révolutions successives, après des efforts inouïs pour arriver à la solution de tous ces fameux problèmes qui doivent rendre enfin à l'homme sa liberté si longtemps ravie, sa volonté si longtemps étouffée, ses droits si longtemps méconnus, on en soit en fin de compte arrivé à des résultats, sinon tout à fait négatifs, du moins si peu satisfaisants.

Or, tous ces essais commencés, tous ces efforts dépensés en pure perte ou à peu près, s'ils n'ont pas dans un sens été complétement inutiles, ont toujours et aujourd'hui plus que jamais eu l'immense inconvénient de fausser étrangement l'esprit général, d'entraîner à chaque instant les majorités populaires vers un but presque toujours chimérique ou criminel, en les détournant insensiblement de celui qui les attirait tout d'abord. De pareils égarements ont toujours été funestes à la morale comme aux intérêts des peuples qui les ont suivis. L'histoire en fait foi, et aujourd'hui plus que jamais, on est obligé d'avouer qu'elle a mille fois raison.

Il est donc plus que temps, s'il n'est déjà malheusement trop tard, que les peuples comprennent, et les Français en particulier, que ce n'est point dans la chimérique poursuite d'idées dont la parfaite réalité n'est pas de ce monde, qu'ils peuvent trouver cette somme de bonheur privé et public qu'ils ont tant à cœur de posséder. Cette perfection dans l'état de la vie privée comme de l'existence politique, ils l'ont tentée bien des fois en peu de temps, et dans l'espace de moins d'un siècle la République, voire même à la fin la République universelle, a été à plusieurs reprises le mythe insaisissable qui devait la leur procurer. En France, plus que partout ailleurs, on vient d'être à même de juger le cas qu'on peut faire d'aussi fallacieuses espérances. Les tristes événements dont le pays vient d'être la victime, et dont nous avons tous été les auteurs ou les témoins suffisent largement à ouvrir les yeux aux esprits droits et franchement honnêtes, qui croient encore à la possibilité d'une République en France, et à celle d'obtenir par là un gouvernement à la fois sage, fort et solide.

Tout au moins, si cette réalisation n'est point du domaine de l'impossibilité absolue, est-elle devenue plus que douteuse. Ne semble-t-il pas, en effet, qu'après la funeste expérience que nous venons de faire à nos dépens de cette malheureuse forme de gouvernement, tous les cœurs républicains, mais aussi patriotes, doivent souhaiter que ce soit la dernière et se résigner, dans l'intérêt du pays lui-même, à tourner leurs regards d'un autre côté. Ce n'est pas à dire qu'elle soit mauvaise en elle-même ; bien au contraire, je vais plus loin et j'affirme sans hésiter, qu'en principe, c'est la meilleure. Mais les impossibilités morales ne sont pas toujours surmontables à volonté : « L'homme propose et Dieu dispose », dit un vieux proverbe, et la raison qui doit nous faire rejeter la République dans la pratique, est du domaine de ces impossibilités-là.

Une fois celle-ci exclue dans la crainte, bien légitime, de voir se renouveler les désordres qui ont failli perdre la France à jamais, la tâche n'est point terminée pour celui qui a sacrifié avec courage ses opinions politiques au salut et au bonheur de sa patrie. S'il a déjà beaucoup fait, il n'a pas fini néanmoins, et son devoir comme son patriotisme lui commandent de remplacer ces mêmes opinions qu'il a abandonnées par d'autres, qu'il essayera de faire triompher par tous les moyens possibles, après les avoir choisies.

Ainsi, pour tout républicain honnête et sincèrement ami de son pays, il ne suffit point, s'il est capable d'un tel acte de courage, d'abdiquer purement et simplement ses sentiments personnels en faveur d'une monarchie quelconque, qui viendra un beau jour, par la force même des choses, s'asseoir à la place de la République. Il doit, avant qu'elle ne soit irrévocablement déclarée et définitivement installée, faire tous les efforts dont il est capable, user de toute l'influence qu'il possède, afin de donner à ce régime monarchique qu'il est obligé de subir, un caractère qui le rapproche autant que possible de celui qu'il abandonne presque malgré lui. Il faut que, s'il se peut, il en fasse une sorte de *République organisée,* en un mot, ce qu'on est convenu d'appeler de nos jours, une *monarchie constitutionnelle.*

Tel est son droit, tel est aussi, pensons-nous, son devoir. Tel est en même temps le conseil que nous nous croyons en droit de donner à une foule d'honnêtes gens qu'une attache bien légitime pour des idées libérales éloignerait à coup sûr des hasards toujours dangereux sinon immoraux d'une monarchie absolue.

J'entends bien déjà les endurcis de la veille et les têtus du lendemain me traiter de parjure et de criminel. Les uns m'accuseront de fausser l'idée républicaine, les autres d'attenter aux droits sacrés d'une royauté inviolable. Mais, qu'importe ! je ne me dédis point. De tous temps et en tous lieux des gens se sont trouvés qui, comme les écrevisses marchent à reculons et refusent de suivre le mouvement de leur époque. Ces gens-là on les laisse en arrière. Avec un peu de patience on leur fera bientôt voir que sans eux l'on peut fort bien veiller au salut du pays et de la société.

Sûr d'avance que tous les esprits à la fois fermes et conciliants, à quelque parti qu'ils appartiennent, me prêteront l'appui de leur approbation, c'est à eux que je m'adresse. Plus que tous les autres, s'ils sont sincères, ces gens-là comprendront que de toutes les monarchies, la monarchie constitutionnelle est la seule qui soit équitable et légitime, et la seule qui soit encore possible de nos jours parce que c'est celle qui se rapproche le plus de la République. M. Thiers dit à ce propos : « il faut que « les princes veuillent reconnaître que la monar- « chie (constitutionnelle assurément) est au fond « une république, le gouvernement du pays par « le pays, une république avec un président héré- « ditaire. » (Discours du 8 juin 1871 à l'Assemblée nationale.)

De plus, la forme constitutionnelle est même peut-être préférable pour les peuples déjà anciens qu'une vieille routine de plusieurs siècles a habitués à ne plus pouvoir se passer du gouvernement d'un seul. En résumé, elle possède presque tous les avantages du régime républicain sans en avoir les inconvénients.

J'ai parlé de vieux peuples ; la France et l'Angleterre sont de ceux-là. Jusqu'ici ces deux nations

ont eu deux gouvernements essentiellement différents. Chacun peut faire la comparaison et conclure d'après les résultats. Ainsi, ce qu'il nous faut
c'est un régime parlementaire semblable à celui
que nos voisins possèdent déjà depuis longtemps.
Du reste cet avis semble être entièrement partagé
par l'illustre homme d'Etat qui nous gouverne.
Puis-je mieux finir qu'en citant ses propres paroles : « J'ai pensé toute ma vie, dit-il, au gouver-
« nement que mon pays pouvait souhaiter, et, si
« j'avais eu le pouvoir qu'aucun mortel n'a jamais
« eu, j'aurais donné à mon pays ce que, dans la
« mesure de mes forces, j'ai travaillé quarante ans
« à lui assurer, sans pouvoir y réussir : la monar-
« chie constitutionnelle de l'Angleterre ! » et plus
loin : « Je trouve qu'on est peut-être plus libre à
« Londres qu'à Washington ; c'est que, à Londres,
« le gouvernement a été placé dans une région qui
« est à une même distance et des passions d'en
« haut et des passions d'en bas. Jamais dans aucun
« pays, dans aucun temps, le gouvernement n'a
« été placé dans une région où la raison domine
« davantage, où la raison soit moins troublée... »
(*Discours du 8 juin 1871* à l'Assemblée Nationale.) Une profession de foi aussi éclatante a-t-elle
besoin de commentaires ?

Conclusion : « Restons républicains de cœur,
et devenons monarchistes par nécessité ! »

CHAPITRE II

Petits avis à MM. les Députés de la droite.

S'il est vrai que l'on puisse au besoin remplacer la République par la Monarchie constitutionnelle, il s'agit aussi de savoir quand et comment cette transformation pourrait s'accomplir.

C'est pourquoi avant de terminer, je tiens à consacrer encore quelques pages à l'examen d'une question dont la gravité est extrême à l'heure qu'il est, c'est la question d'*opportunité*.

Dans certaines sphères élevées on en fait actuellement l'objet des discussions les plus sérieuses et les plus passionnées. Elle travaille même l'esprit de l'Assemblée nationale dans un sens qui, par l'exagération qu'on y met, peut aboutir aux plus fâcheux événements. Les partisans de la monarchie sont nombreux au sein de l'Assemblée, mais la plupart obéissant malheureusement à une excitation de parti, ne consultent que l'intérêt de ce même parti, au lieu de penser un peu à l'intérêt général.

Or, il est évident aux yeux de beaucoup de gens que n'aveuglent point l'intérêt ou la passion, il est évident, dis-je, qu'il ne faut rien précipiter dans la crainte d'une nouvelle catastrophe qui paraît imminente. Ils admettent bien qu'il faudra très-probablement recourir dans quelque temps à une monarchie pour reconstituer les forces vives du pays, ils avouent même que cette même famille qui jadis a fait la France est plus que toute autre capable de la refaire aujourd'hui, mais ils veulent qu'on attende encore, afin que le calme et la raison puissent rentrer un peu dans les esprits, afin que le pays puisse juger dans quelque temps en connaissance de cause et ne soit point exposé aux hasards d'un choix qui, par sa précipitation, ressemblerait trop à un coup d'État.

D'ailleurs c'est une tactique que le chef actuel du pouvoir exécutif semble avoir parfaitement comprise. Agir avec vigueur mais avec lenteur, telle est, semble-t-il, la ligne de conduite qu'il s'est tracée en acceptant le pouvoir et qu'il observe si exactement. L'histoire raconte que réduite aux abois par un vainqueur impitoyable, Rome antique ne dut son salut qu'à la sage lenteur du chef auquel elle avait confié ses dernières ressources : cet homme, ce citoyen s'appelait Fabius, plus tard sa patrie reconnaissante lui déféra le titre glorieux de *Cunctator*. La France contemporaine plongée dans une détresse analogue a eu besoin d'un sauveur, d'un autre Fabius-Cunctator. Cet homme, ce grand temporiseur a répondu à son appel, et chaque jour nous démontre davantage que son talent et son patriotisme sont à la hauteur de la confiance de la nation.

J'ai dit que l'intention réelle de M. Thiers était, autant que possible, de rester encore quelque temps dans le provisoire, dans le temporaire. C'est en effet une chose dont on ne peut douter, puisqu'il prend soin de nous l'indiquer lui-même dans ce discours dont j'ai déjà cité plusieurs passages : « Je ne suis qu'un administrateur temporaire, dit- « il ; mais, le changement même d'une adminis- « tration temporaire serait un malheur dans la « situation actuelle. » (Que serait-ce donc par conséquent, s'il s'agissait d'un changement au profit d'une administration définitive.) Et ailleurs il s'exprime ainsi : « Je suis convaincu que si l'on « voulait précipiter les solutions, on jetterait la « France dans la guerre civile, guerre civile immé- « diate, terrible.... » Aussi ajoute-t-il aussitôt : « Mon devoir, c'est de faire par la justice, entre « vous tous, que cette trève de partis que nous « avons obtenue, dure le plus longtemps possible, « et si cette trève pouvait devenir une paix perpé-

« tuelle, faudrait-il donc nous en affliger ? » (Avec lui nous répondrons évidemment : non ; mais nous croyons aussi que s'abandonner dans ce sens à un chimérique espoir serait une faute.) Enfin il dit encore à ce sujet : « Je le dis franchement, je suis « convaincu que la rupture de cette trève amènera « pour le pays des malheurs affreux, et je ferai tout « ce que je pourrai pour que la trève dure et se « prolonge. » Il n'est pas possible, je crois, d'être plus catégorique.

Il faut donc attendre, pas trop longtemps néanmoins, sans quoi le *statu quo,* si abhorré, finirait bien peut-être par être plus que du provisoire et par devenir presque du définitif, mais enfin, il faut attendre ; trois mois, six mois, un an, peut-être davantage, que sais-je enfin ? Les circonstances et l'état des esprits pourront seuls indiquer la durée plus ou moins longue d'un pareil retard.

Oui, il faut attendre, messieurs les Représentants d'une majorité dont le caractère est tous les jours de plus en plus faussé par une droite obstinée et aveugle ! Il faut attendre, parce que se hâter serait un crime et que la moindre précipitation serait, à l'heure qu'il est, une maladresse peut-être irréparable. Ce n'est pas quand la France commence à peine à cicatriser les blessures d'une guerre étrangère, quand la botte impure de cinq cent mille Prussiens foule encore près de la moitié de son territoire, quand par le plus affreux des parricides,

des fils dénaturés, faisant dans son propre sein l'essai de leurs infernales théories, et de son sol sacré le théâtre de leurs luttes impies, vont jusqu'à profiter de sa faiblesse pour comploter sa perte, ce n'est pas en un mot, quand le pays est vaincu, ruiné, affaibli, par la réunion des plus incroyables malheurs, au point que nul ne sait aujourd'hui s'il y aura pour lui un lendemain, ce n'est pas alors qu'on peut lui soumettre la question toujours grave d'un changement de gouvernement.

Quand un homme est blessé et ramassé sur le champ de bataille, et que cet homme est dans un état tel que sa faiblesse et la douleur le privent de la lucidité de son esprit et l'empêchent de manifester sa volonté, l'infirmier ne lui demande pas ce qu'il veut qu'on fasse de lui, il ne lui demande pas où il désire être transporté, ni par quel médecin il veut être tout d'abord soigné et guéri. Les premiers soins lui sont donnés par le premier homme de l'art qui se présente, lesquels les lui continue, jusqu'à ce qu'il arrive, au bout d'un temps plus ou moins long, à une guérison assez avancée pour qu'il puisse être abandonné à lui-même. Libre à lui alors de changer de médecin et de confier à un homme plus sûr et plus connu le soin d'achever ce qu'un autre avait commencé.

L'histoire de cet homme blessé, c'est l'histoire de la France.

Au 4 septembre, des hommes dont je ne suspecte

pas les intentions, mais dont je dois constater l'incapacité, se crurent assez forts pour faire oublier par le seul prestige de leur nom les désastres de Wœrth, de Freschwiller et de Sedan, pour vaincre sans armées, pour triompher sans armes, sans canons. S'estimant follement capables d'improviser la victoire, ils ont eu le châtiment que méritait leur témérité; et le pays qui voit et juge en dernier ressort, fait retomber aujourd'hui sur leurs têtes la cause de nos plus grands désastres.

Au 8 février, la France, près de rendre le dernier soupir, se souleva à demi sur sa couche ensanglantée et sa voix mourante vous confia le soin de traiter avec ses ennemis, de ranimer peu à peu ses forces et de guérir ses blessures. Voilà quel fut alors votre seul et unique mandat, voilà le but vers lequel vous deviez diriger tous vos efforts, toutes vos aspirations. Ce mandat l'avez-vous accompli? En partie, peut-être; mais entièrement, pas encore. Vous aviez compté sans la guerre civile, et la guerre civile est arrivée. S'il vous appartenait de la combattre et de la vaincre, à vous revient aussi la tâche de sévir contre les coupables après la victoire, de relever les ruines encore fumantes de la capitale, et de rendre peu à peu à ce pauvre Paris le calme, l'ordre et la prospérité qu'il ne connaît plus depuis plusieurs mois.

Avant de penser à choisir un roi et au lieu de perdre un temps précieux dans les discussions les

les plus vaines et les plus stériles, croyez qu'il ne manque pas encore de réformes à opérer, d'abus à faire cesser, de créations à faire. Le jour de son entrée en fonctions, M. Thiers vous disait : « Pacifier, réorganiser, relever le crédit, ranimer le travail, voilà la seule politique possible et même convenable en ce moment. » Or, tout cela est encore à faire, ou du moins presque tout. Avez-vous relevé le crédit? Il reparaît, je l'avoue, mais la solidité lui manque encore. Car le succès inattendu du dernier emprunt pouvant d'un moment à l'autre n'être qu'un accident, n'est point une preuve irrécusable ; et il a été si grand, qu'on a tant lieu de craindre qu'il ne soit passager. D'ailleurs il n'est dû, croyez-le bien, qu'au talent de M. Thiers et à la confiance qu'il inspire. Avez-vous ranimé le travail? A peine commence-t-il à renaître. Avez-vous fait quelques réorganisations importantes? Oui, assurément, mais vous n'avez encore rien fait sous ce rapport, comparativement à ce qu'il vous reste à faire. Ce n'est pas pour avoir changé quelques fonctionnaires incapables ou dangereux, révoqué par-ci par-là quelques préfets gambettistes, que vous pouvez croire l'administration civile complétement réorganisée. Ce n'est pas non plus après avoir licencié telle ou telle classe isolée, ou ordonné le rappel de tel ou tel corps sous les drapeaux, que vous pouvez penser avoir déjà travaillé à la grande réorganisation future de l'armée.

Enfin, je n'en finirais plus, si je voulais me lancer dans l'énumération de tout ce qu'il vous reste à réorganiser, avant de penser à nous donner un maître. Reste la pacification. Mais ici encore, pour avoir signé avec l'étranger une paix suffisamment désastreuse, pensez-vous que l'évacuation du territoire va s'opérer du jour au lendemain, avant que vous ayez pu solder le plus petit des millions que vous avez promis? Pour avoir noyé l'insurrection parisienne dans un déluge de sang, croyez-vous donc en avoir déjà fini avec tous ses partisans de province? Détrompez-vous, chaque ville est un nouveau foyer qui recèle une nouvelle révolte, de nouveaux incendies. Le poison de la commune n'a point disparu avec elle et son infernale influence ne s'affaiblit pas en un jour. Encore moins pourra-t-on la détruire, peut-être même n'y arrivera-t-on jamais.

Voici ce que M. Guizot écrivait dernièrement au président de l'Assemblée nationale, au sujet de cette question de l'opportunité : « Le moment est-il
« venu de poser définitivement cette question de
« l'avenir, expressément réservée jusqu'ici, de la
« traiter et de la résoudre avec complète opportu-
« nité, liberté et lumière?..... Je comprends l'im-
« patience, elle est naturelle et légitime; la France
« a grand besoin d'arriver à un état définitif et de
« voir clair dans son avenir; sa sécurité, sa dignité,
« sa prospérité, tous ses intérêts moraux et maté-

« riels y sont engagés. Seulement qu'on n'oublie
« pas qu'il y a des questions préliminaires posées
« par les événements et par la nécessité devant
« l'Assemblée nationale, et qui doivent être vidées
« pour que la solution de la question fondamentale
« soit sérieuse et efficace. » Et plus loin il ajoute :
« Je suis convaincu que moyennant quelques ména-
« gements et un peu de prévoyance réciproque
« entre M. Thiers et l'Assemblée, le régime provi-
« soire qui a été convenu entre eux à Bordeaux,
« peut suffire encore aujourd'hui au maintien de
« leur union et au succès de leur action commune.
« Ce qui importe, ce qui est indispensable, c'est
« que rien ne porte atteinte au caractère provisoire
« du régime actuel et que la France conserve tout
« son droit envers tout le monde, quant à son
« régime définitif. »

Ainsi, voilà les deux premiers hommes d'Etat
qui soient en France, les deux plus sincères cons-
titutionnalistes du monde, qui s'accordent avec
vous sur la question monarchique! Et vous, vous
ne leur feriez pas même la politesse de croire à
leur vieille expérience, quand ils veulent vous
empêcher de compromettre votre propre cause !
Non, mille fois non, vous ne le pouvez pas !

Que conclure de leurs conseils, si ce n'est qu'il
vous faut attendre pour calmer l'effervescence po-
pulaire, pour éviter de nouveaux conflits, pour
ordonner de sages et prudentes mesures, pour ré-

générer la France ? Quand vous aurez fait tout cela, il vous sera peut-être permis alors de vous prêter à un changement de gouvernement ; mais auparavant, jamais ! Un mot encore : si vous vous hâtez trop, vous risquez de vous tromper gravement sur la véritable expression de la volonté nationale, vous risquez aussi et surtout de vous compromettre, vous et votre cause ; parce que ceux qui vous accusaient déjà hier d'avoir mis, au 8 février, la terreur prussienne au service de vos listes électorales, vous accuseront aussi demain d'avoir habilement exploité, au profit de misérables ambitions de partis, la terreur passagère inspirée en province par les atrocités de Paris, d'avoir hypocritement abusé de la faiblesse du pays pour lui imposer un gouvernement de votre choix. Tout cela peut être grave, croyez-le bien ! On n'impose point impunément à un peuple le gouvernement qui lui déplaît ; des exemples récents sont là pour l'attester. Or, pour savoir si tel ou tel gouvernement possède la sympathie d'un peuple, il faut le consulter : c'est là son droit. Et pour le consulter, il faut attendre que les troubles qui l'agitent soient apaisés, que le calme soit rentré dans son sein, afin qu'il puisse librement connaître, comparer et juger, pour prononcer ensuite en connaissance de cause : c'est là votre devoir.

Permettez-moi de vous citer encore une fois les propres paroles de M. Thiers : « Lorsque, a-t-il dit

« à Bordeaux, nous aurons rendu à notre pays les
« services pressants que réclame son état, quand
« nous aurons relevé du sol où il gît ce noble blessé
« qu'on appelle la France, alors ayant recouvré la
« liberté de ses esprits, il dira comment il veut
« vivre ; le jugement sera prononcé, non par une
« minorité, mais par la majorité des citoyens,
« c'est-à-dire par la volonté nationale elle-même. »

Ceci est un engagement, pensez-y bien ! un véritable engagement, pris en votre nom par un homme qui n'est rien moins que votre fondé de pouvoir. Le doute n'est donc plus permis : vous attendrez. Sinon, au lieu de continuer à apprécier votre talent et à admirer votre patriotisme, on vous exécrera, l'indignation générale vous frappera d'anathème, et l'on fera peser sur vous une accusation dont on ne se disculpe jamais, quand il prend à un peuple entier la fantaisie de vous l'adresser : *Celle d'avoir abusé de la confiance de la nation !*

Ainsi, à tous les points de vue, prenez garde !

Prenez garde, parce que vous pouvez perdre la France !

Prenez garde, parce que vous pouvez vous perdre vous-même !

Prenez-garde, parce que vous pouvez perdre cette même cause qui vous tient tant à cœur !

Quant à cette monarchie, dont un inexorable destin semble vouloir nous rapprocher, qu'elle vienne quand le pays sera prêt, et puisqu'il est malheureusement trop vrai, qu'il ne puisse pas s'en passer! Comme mon but n'est point de faire de cet écrit une réclame de parti, je ne propose spécialement le rappel de personne. Peu importe au pays! Ce qu'il lui faut avant, tout, c'est une *royauté de la démocratie,* une *république organisée,* qui consacre à jamais la légitimité des idées modernes, en se servant de cette force occulte, mais immense, dont l'ancien régime, malgré toute la répugnance qu'il inspire, a eu seul le secret jusqu'ici. La question de personnalité viendra après. Il faut tout d'abord se pénétrer surtout de cette pensée : c'est que, république ou monarchie, la France demeurera ce qu'elle est, démocratique. Son avenir et celui de l'Europe seront fondés sur la démocratie, où il n'y aura point d'avenir. Aussi, qu'une monarchie soit démocratique, et cet avenir lui appartient.

Tout cela nous conduira, non point à un constitutionnalisme de fantaisie comme en 1815, mais à une véritable monarchie constitutionnelle; c'est-à-dire que, faute de République, nous aurons bien un roi, mais un roi qui en nous apportant le prestige de son nom et de son autorité, ne pourra nous exposer aux caprices de sa volonté absolue, un roi en un mot, qui règne et ne gouverne pas.

Si cela n'était pas, le pays aurait le droit de dire à l'homme qui lui serait présenté : « Retirez-vous, ces conditions ne sont point les miennes. »

Quant à ce prince, dont on nous vante si souvent le mérite et les vertus, et dont les chances sont, dit-on, si près de réussir, qu'il rentre quand son heure sera venue, dans ce pays où son illustre famille occupa pendant des siècles le premier trône de l'Europe ! Oui, qu'il rentre, s'il est vrai qu'un accord de famille ait enfin mis un terme aux plus fâcheuses compétitions ; qu'il rentre ! s'il est vrai surtout que la France y consente ?

Mais au moins s'il rentre, que ce soit en français, c'est-à-dire que ce ne soit pas en maître mais en ami, que ce ne soit pas en vainqueur, mais en noble banni que sa patrie rappelle après un long exil. Que ce retour, une fois consenti par la grande majorité des Français, ne soit point le signal d'un triomphe, mais plutôt de remercîments pour la confiance de la nation. Enfin, s'il est vrai qu'il nous faille absolument subir un souverain, qu'on ait au moins la loyauté de ne rien faire sans consulter le pays. Lui seul a le droit de se donner un maître, lui seul peut dire à un roi : « Tu seras légitime, parce que je le veux bien. »

— Prince, c'est à ce seul prix que vous acquérerez l'amour de ce peuple quand il sera le vôtre, après l'avoir voulu ! Soyez noble, soyez digne, mais soyez assez habile pour être de votre époque, c'est-à-dire modéré et conciliant. Soyez moins le roi de France, que le *fondé de pouvoirs* de la nation, cette expression est la vôtre, et la France a tout lieu d'espérer que vous y serez fidèle. Que les fautes de la Restauration vous soient un profitable exemple ; *n'oc-troyez jamais rien selon votre bon plaisir*, que vos décrets soient plutôt rendus au nom de la France qui vous aura choisis ; et gardez-vous, pour satisfaire à une misérable question d'amour propre, de donner à votre élévation une autre date que celle qui marquera votre premier jour de pouvoir.

Au fond, tout ceci n'est qu'un affaire de mots ; pour vous, si vous êtes raisonnable, ce sera peu de chose ; pour le Français, dont un rien bouleverse le caractère, ce sera beaucoup. Enfin, vous avez un drapeau ; la France aussi a le sien, qui, d'après la belle expression d'un grand poète, a déjà fait le tour du monde. Si vous avez le cœur français, vous comprendrez sans peine ce que c'est que l'orgueil national !...

J'ai fini ; mais encore une fois, de grâce un peu de patience, Messieurs les députés ! Ayez un peu plus de confiance dans la sagesse, l'expérience, le patriotisme et l'abnégation du vieillard qui vous guide, et laissez au Dieu de la France, le temps de choisir l'homme qui doit consacrer son bonheur !..........

.   .   .   .

.   .   .   .

Sans quoi, M. Thiers aura plus que jamais raison de vous dire : « Vous êtes sages comme des écoliers ! »

En attendant, nous vous conseillons tous d'apprendre par cœur ce dicton, qui devrait être gravé dans la mémoire de tous les gouvernants :

« La lenteur est la vertu du sage. »

D'ici-là, que la responsabilité vous soit légère !... comme par le passé.

Lyon. — Imprimerie du Salut Public. — Bellon, r. de Lyon, 33.